Michaela Hanauer

Fohlengeschichten

Illustriert von Lisa Althaus

ISBN 978-3-7855-7296-2
1. Auflage 2012
© 2012 Loewe Verlag GmbH, Bindlach
Umschlagillustration: Lisa Althaus
Reihenlogo: nach einem Entwurf
von Angelika Stubner
Printed in Italy

www.loewe-verlag.de

Inhalt

Wolkenfohlen 8

Der Babysitter 16

Der Filmstar 24

Freund gesucht! 32

Wolkenfohlen

Flora sitzt am Fensterbrett.
Sie beobachtet die Wolken,
besser gesagt,
die Wolkenpferde.

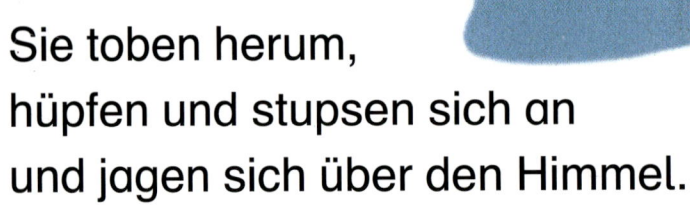

Sie toben herum,
hüpfen und stupsen sich an
und jagen sich über den Himmel.

Plötzlich passiert es!
Ein Wolkenfohlen
treibt es zu doll.

Es stolpert und …
purzelt in hohem Bogen
auf die Erde zu.

Es landet auf dem Garagendach.
Hoffentlich hat sich das Fohlen
nicht wehgetan!

Rasch schleppt Flora die Leiter
aus dem Schuppen.

Sie lehnt sie
an die Mauer der Garage.
Dann kraxelt Flora nach oben
und lugt auf das Dach.

Dort sitzt das Fohlen.
Es schüttelt die Wolkenmähne.

„Wie soll ich bloß wieder
in den Himmel kommen?",
weint das Fohlen.

Flora hat eine Idee!
Sie holt ihren Flugdrachen
aus dem Haus.

12

„Halt dich gut daran fest!",
rät sie dem Wolkenfohlen.
Sie rennt los.

Der Wind erfasst den Drachen.
Er trägt ihn samt Fohlen
in die Luft.

Immer höher und höher.
Flora rollt die Leine ab,
wie Papa es ihr gezeigt hat.

Das Wolkenfohlen jubelt:
„Juhu, ich fliege!
Vielen Dank!"

Am höchsten Punkt lässt
das Wolkenfohlen
den Drachen los.

Und siehe da, es klappt!
Das Fohlen schwebt zurück
zu seiner Wolkenfamilie.
Flora winkt ihm nach.

Der Babysitter

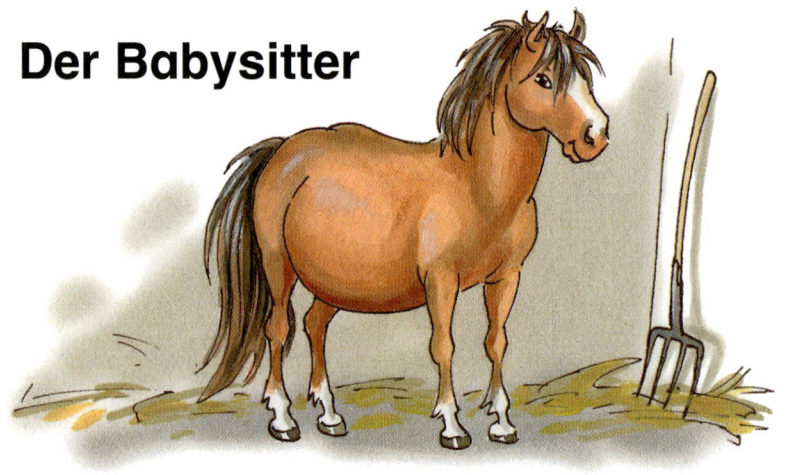

Dallas Bauch ist kugelrund.
Suses Lieblingsstute bekommt
nämlich bald ein Fohlen.

Die anderen Mädchen sind
genauso aufgeregt wie Suse.

Pflegerin Rita sagt zwar:
„Dalla braucht Ruhe!"
Trotzdem wären die Mädchen
gern bei der Geburt dabei.

Wieder einmal öffnet Suse
die Tür zum Stall einen Spalt.
Doch die Stute ist nicht da.

„Wo steckt Dalla?",
fragt Suse.
„Vielleicht auf der Weide",
meint Rita.

Doch da steht Dalla nicht.
Nur der Schimmel Goliath
wiehert ihnen entgegen.

In der Reithalle
oder auf dem Feld
ist Dalla ebenfalls nicht.

Im Haus natürlich auch nicht.
Langsam beginnt Suse,
sich Sorgen zu machen.

„Dalla, wo bist du?",
rufen Suse und Rita.

Plötzlich hören sie ein Bellen.
Das ist Momo, der Hofhund.
Sie laufen zur Hundehütte
im Garten.

Da ist die Ausreißerin!
Dalla steht hinter der Hütte.
Nur kurz hebt sie den Kopf.
Was sucht sie da am Boden?

Suse späht an der Hütte vorbei
und traut ihren Augen kaum!

Direkt hinter Momos Hütte
liegt das Fohlen!
Mama Dalla schiebt es
mit dem Maul vorsichtig an.

Da erhebt sich das Kleine.
Es ist noch ganz wacklig
auf den Beinen.

Momo steht wie angewachsen
vor den zwei Pferden
und lässt niemanden vorbei.

Rita lacht:
„Ein Hund als Babysitter
ist eine gute Wahl!"

Der Filmstar

Auf dem Maierhof
soll ein Film gedreht werden!

„Vielleicht darf ich mitspielen",
hofft Jule.
„Sicher bekomme ich eine Rolle!",
behauptet Tim.

Mit riesigen Lastern
rollt das Filmteam an.

Die Mitarbeiter räumen aus:
Kamera, Mikrofone, Kabel ...
und Pferde!

„Wozu?", wundert sich Jule.
„Wir haben genug Pferde!"

Der Regisseur des Films lacht.
„Die Pferde sind
unsere Schauspieler!"
Jule und Tim glauben ihm nicht.

Doch sobald die Trainerin
mit den Fingern schnippt,
benehmen sich die Filmpferde
wie Wildpferde.

Sie buckeln und steigen
und wälzen sich im Dreck.

Ein Pfiff der Trainerin ertönt.
Sofort sind die Filmpferde
wieder lammfromm.

Jule und Tim staunen.
So gut gehorchen
die Pferde vom Maierhof selten.

Plötzlich taucht ein kleines
schwarzes Fohlen auf.
„Das ist Banjo!", ruft Jule.

Banjo macht den Filmpferden
alles nach.

Galoppieren sie los,
prescht er mit.
Springen sie über ein Hindernis,
läuft er darunter durch.
Halten sie an,
stoppt auch er.

„Eine Naturbegabung!",
meint der Regisseur.
Ihm gefällt Banjo so gut,
dass er weiter mitmachen darf.

Also gibt es doch noch
einen Filmstar auf dem Hof!

Freund gesucht!

Die Sonne kitzelt Jona
in den Nüstern.
Das Fohlen blinzelt
in den neuen Tag.

„Heute finde ich einen Freund",
beschließt Jona.

Doch das ist nicht so leicht.
Die anderen Fohlen der Herde
sind älter als Jona.

„Mit so einem Winzling
spielen wir nicht!",
wiehern sie.

„Warum nicht?",
fragt Jona traurig.

„Weil du mit deinen kurzen Beinen
viel langsamer bist als wir!",
prusten sie und laufen weg.

Jona lässt den Kopf hängen.
„Was ist los?", fragt jemand.
Auf dem Gatter
sitzt der Spatz Pieps.

„Ich bin traurig", sagt Jona.
„Warum?", erkundigt sich Pieps.

„Niemand will mit mir spielen",
seufzt Jona.

„Was willst du denn spielen?",
fragt Pieps.

„Verstecken!",
schlägt Jona vor.

„Gut, dann zähle bis zehn",
sagt der Spatz.
Er fliegt in sein Nest
und duckt sich hinein.

Jona sucht lange.
Dann gibt er auf.

Pieps trällert:
„Jetzt suche ich dich!"
Jona läuft zu den Bäumen.

Er macht sich ganz dünn
und zupft ein paar Zweige
über seinen Kopf.

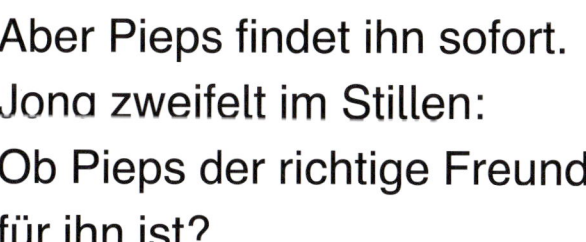

Aber Pieps findet ihn sofort.
Jona zweifelt im Stillen:
Ob Pieps der richtige Freund
für ihn ist?

Da kommen
die anderen Fohlen zurück.

„Seht mal, ein Dreckspatz!",
schnauben sie.

„Das kannst du haben",
zwitschert Pieps.

Er lässt einen weißen Haufen
auf den Kopf
des Anführers fallen.

Der kleine Rappe
will sich auf Pieps stürzen.

Jona stellt sich dazwischen.
„Lasst meinen Freund in Ruhe!"
„Deinen Freund?",
staunen die anderen Fohlen.

„Mein *bester* Freund",
betont Jona.

Pieps nickt und flattert
auf Jonas Rücken.
Jona dreht sich um
und lässt die anderen stehen.

Michaela Hanauer wurde 1969 geboren und war schon als Kind selbst eine begeisterte Leseratte. Diese Leidenschaft ließ sie nie los. Deshalb arbeitete sie nach ihrem Studium in einem Kinder- und Jugendbuchverlag. Heute lebt sie als selbstständige Autorin und Agentin mit ihrem Mann und ihrem Kater Wuschel in München.

Lisa Althaus wurde in Österreich geboren. Sie studierte an der Universität für angewand- te Kunst in Wien und an der Akademie der Bildenden Künste in München. Seit 1981 illus- triert sie Kinderbücher. Nach über 20 Jahren in München lebt sie heute mit ihrer Familie in einem alten Haus in den Bergen und arbeitet als freie Künstlerin und Illustratorin.

Die Reihe *Lesetiger* richtet sich an Leseanfänger ab 6 Jahren. Kunterbunte Geschichten zu beliebten Themen erleichtern den Erstlesern den Start in die Welt der Buchstaben. Ganz kurze Textabschnitte in großer, gut lesbarer Fibelschrift sorgen für einen sicheren Leseerfolg; viele farbige Bilder tragen zusätzlich zum Textverständnis bei. So macht das erste Selberlesen Spaß!